Heidi Howcroft (Text)
Christa Brand / Nik Barlo jr.
(Fotos)

Naturstein im Garten

Treppen, Wege, Mauern und Terrassen gekonnt gestalten

S. 1: *Ein Urlaubssouvenir im Garten: Bei diesen Figuren handelt es sich um Volkskunst aus Indonesien.*
S. 2/3: *Steine, Farn und Moos vereinigen sich zu einer einzigartig naturhaften, aber trotzdem spannungsvollen Komposition.*
Links: *Säulen aus gelbem Granit bilden einen meditativen Blickfang im Garten.*

Inhalt

Vorwort

Was früher als alltägliches Material galt, wird heute in mancher
meintlich hohen Kosten, die mit Naturstein assoziiert werden, schre-
obwohl Naturstein in vielen Situationen das einzig passende Material
nach fünf Jahren „Altes“ gegen „Neues“ austauscht, wo Reife und
müssen die bleibenden Kernelemente der Gartengestaltung von An-

Naturstein ist ein Stück Geschichte, Zeuge früherer Zeiten, der im Garten der Witterung ausgesetzt ist und in Verbindung mit dem Grün neues Leben erhält. Denkt man an den Stimmungswechsel zwischen Steinen in sonnigen Zonen und schattigen Bereichen, den Unterschied zwischen ihrem brillanten, feuchten und ihrem trockenen, staubigen Zustand, wird die Wechselwirkung von Naturstein mit seiner Umgebung in ihrer Faszination deutlich. Ein erprobtes und dauerhaftes Baumaterial für Mauern, Treppen, befestigte Flächen, Brunnen und Skulpturen, ist Naturstein noch dazu höchst anpassungsfähig. Für jeden Gestaltungsstil, sei er klassisch, kontemporär oder naturnah, gibt es ein passendes Gestein. Naturstein ist ein Stimmungsträger im Garten, eine zu jeder Jahreszeit sichtbare Komponente, die zusammen mit dem Garten altert, Patina ansetzt und so eine Einheit mit ihm bildet.

Hinsicht als Luxus betrachtet. Die ver-
cken so manchen Gartenbesitzer ab,
ist. Gerade im Garten, wo man nicht
Beständigkeit eine große Rolle spielen,
fang an richtig ausgewählt werden.

Auch in einfachster Form strahlt Naturstein Schönheit aus: hier eine zweiteilige Sitzbank aus Nagelfluh und einer Granitfindlingsplatte.

Betrachtet man Steinhaufen vor dem Baubeginn, ist es kaum vorstellbar, dass aus einzelnen Teilen ein Ganzes geschaffen werden kann. Die Verlegung und Schichtung der Steine verwandelt die Kuben, Blöcke, Platten oder sogar Bruchsteine zu wertvollen Bauteilen. Bei Mauern und Pflaster ist nicht nur der Stein, sondern auch das Fugenbild wichtig: Es ist ein dekoratives Netzwerk, das sich über die Fläche zieht.

Mit Ausnahme von Skulpturen ist der Garten nicht der Ort für polierte Steine, sie gehören in das Innere des Hauses oder auf den Friedhof. Dennoch werden nicht alle Steine unbehandelt verwendet. Eine Bearbeitung der Steine wird je nach Gartenstil, Steinart, Objekt und Funktion vorgenommen.

So werden die Vorderkanten der Auftrittsflächen von Stufen scharriert, Wasserbeckenränder profilgemäß bearbeitet, Sichtflächen

von Mauern gestockt. Der Charakter des Steins wird dabei durch die Bearbeitung betont.
In der Entscheidungsphase ist es ratsam, sich vom örtlichen Vorkommen an Naturstein und vom Landschaftscharakter leiten zu lassen. Da Boden und Gesteinsart in unmittelbarem Zusammenhang stehen, sollten sie sich auch in der künstlichen Umgebung eines Gartens miteinander im Einklang befinden. Heimisches Material fügt sich nicht nur optisch optimal in das Gesamtbild des Gartens ein, es harmoniert auch hervorragend mit hiesigen Pflanzen. Von geologischen Sammlungen, in denen allerlei Gesteinsarten willkürlich zueinander stehen, ist abzuraten.
So verlockend es auch ist: Steine, egal ob Kiesel, Findlinge oder sonstige Brocken, dürfen nicht aus ihrer natürlichen Umgebung entfernt werden. Viele Baustoffhändler und Steinlager bieten ein gutes Sortiment vorsortierter Ware an. Hier werden neben neuen auch alte Materialien oder Sonderformate angeboten.
Natürlich bestimmen nicht die persönlichen Vorlieben allein das Material, die Finanzen können letztendlich nicht außer Acht gelassen werden. Wer aber nicht nur die Investitionskosten wie Material- und Ausführungskosten berücksichtigt, sondern auch die Dauerhaftigkeit von Naturstein in die Rechnung mit einbezieht merkt, dass die Kosten eines Natursteinweges oder einer Natursteinmauer auf lange Sicht gar nicht so hoch sind.

Gut ausgeführt halten Mauern, Wege, Plätze, Terrassen, Brunnen und dekorative Gegenstände aus Naturstein eine Ewigkeit. Das Material selbst verliert nicht an Wert, ganz im Gegenteil, es erhält mit Alter, Gebrauch und Patina einen besonderen Reiz. Naturstein, ob pur oder kombiniert mit anderen Werkstoffen wie Klinker, Ziegel und Holz hat immer einen berechtigten Platz im Garten.
Dass Naturstein die Spannweite von rustikal bis edel abdeckt, bestätigt seine Einsatzfähigkeit. Bevor man sich für einen Naturstein entscheidet, ist es ratsam, sich gründlich zu informieren, die entsprechenden Bücher zu diesem Thema zu Rate zu ziehen, Besichtigungen vorzunehmen und vor allem Flächen zu begehen, Sitzgelegenheiten zu testen und Mauerwerk zu begutachten.
Nach jahrzehntelanger Beschäftigung mit Naturstein hat meine Faszination für diesen Werkstoff nicht nachgelassen. Ob solitär, in Gruppen oder meisterhaft verlegt – jeder Naturstein, sei es Granit, Basalt, Gneis, Schiefer, Sand- oder Kalkstein, hat eine individuelle Ausstrahlung. Ein Buch wie dieses will das Interesse an diesem faszinierenden Material wecken und einen Eindruck von der Bandbreite der Einsatzmöglichkeiten von Naturstein für jede Gartengröße und jeden Stil vermitteln.

Die edle Seite von Naturstein – eine Komposition mit Schieferplatten und Ziegelsteinen, ergänzt durch schlichte Steinkugeln.

Ein Plädoyer für Naturstein im Garten: eine Sinfonie aus Altem und Neuem, Grünem und Grauem, Nutzen und Ornament.

Natursteinbodenbeläge

Von einfachen Feldsteinen bis hin zu eleganten, aufwändig bear-
Natursteinpflaster und -platten kaum auszuschöpfen. Zieht man Kies,
hinzu, gibt es für jeden Garten eine geeignete Natursteinvariante.
kann den Gartenbesitzer überwältigen. Einfache, schlüssige Leitlinien
erleichtern und die für den jeweiligen Standort idealen Bodenbeläge

Sowohl die Funktion der Fläche, sei es ein Gartenweg, ein Sitzplatz oder eine Terrasse, als auch eventuelle Anbindungen an vorhandene Bauten oder Gartenelemente, sowie der gewünschte Gartenstil bestimmen das Material. Dies wiederum nimmt Einfluss auf das Format, das schließlich die Verlegungsart vorschreibt. Das Zusammenspiel dieser drei Faktoren – Material, Format und Verlegung – gibt den Natursteinbelägen ihren individuellen Charakter. Die Variationsmöglichkeiten sind so groß, dass jede Kombination denkbar ist, solange einige technische und gestalterische Regeln berücksichtigt werden.

An erster Stelle steht die Frostbeständigkeit des Materials, eine der wichtigsten Voraussetzungen für Beläge im Freien. Risse und Abblätterungen sind Anzeichen einer nicht frostfesten Fläche.

Weiterhin ist die zu erwartende Belastung der Fläche von Be-

beiteten Platten ist das Angebot an Kiesel und gebrochene Steine noch Gerade diese umfangreiche Auswahl helfen den Entscheidungsprozess zu auszuwählen.

Naturstein fügt sich harmonisch in den Garten ein, Pflaster, Grenzsteine und Pflanzen fließen ineinander.

deutung. Außer der Garagenvorfahrtszone und den PKW-Stellflächen sind die befestigten Bereiche in Gärten meist lediglich Fußgängerverkehr ausgesetzt, ein bedeutender Aspekt, der die Verwendung von belastungsempfindlichem Material wie etwa Mosaikstein erlaubt. Trittsicherheit, die Vermeidung von Unebenheiten wie auch von zu glatten Oberflächen ist eine Voraussetzung für die Nutzbarkeit von Naturstein im Freien. So dürfen weder polierte noch ausgesprochen holprige Steine Verwendung finden. Zusammengerechnet bedecken befestigte Flächen einen beträchtlichen Teil des Gartens. Besonders in kleinen Gärten, wo jeder Quadratmeter von Bedeutung ist, spielt die Gestaltung solcher Bereiche eine besonders wichtige Rolle und kann auch hier nicht dem Zufall überlassen werden.

Gartenwege: Zweckmäßige Verbindung oder gestalterische Aussage?

Viele Gartenbesitzer halten einen Weg lediglich für eine zweckmäßige Verbindung zwischen zwei Punkten. An seine Gestaltung werden deshalb meist keine hohen Ansprüche gestellt. Als dauerhafter Bestandteil des Gartens sollten Art und Verlauf des Weges und seine Belagsart aber gleich von Anfang an sorgfältig bedacht werden. Das Material eines Weges kann viel über seine Funktion aussagen. So ist ein breiter, schön gepflasterter Weg von großer Bedeutung, eine Hauptader des Gartens, während schmale Kieswege weniger wichtig und eher für die gelegentliche Benutzung und Entdeckung des Gartens geeignet sind (►). Der Weg zum Hauseingang muss natürlich immer deutlich als solcher erkennbar sein. Schlicht, aber überzeugend: das Pflastermuster aus Granit-Kleinsteinpflaster mit eingesetzten Klinkerplatten ist eine Art Visitenkarte zum Nachahmen (▲).
Dieser Katzenkopf-Pflasterläufer steht ganz im Einklang mit dem Haus, er ist eine Erinnerung an die ursprüngliche Pflasterung, die sich früher um das ganze Haus gezogen hat (◄). Bereits am Gartentor wird der Charakter von Haus und Garten angekündigt, denn der Weg setzt die Stimmung, der Belag den Ton, der zu erwarten ist.

1

Wege durchs Grüne

Im Garten verlangt jeder Wegetyp eine entsprechende Gestaltung. Schmale Wege, die sich durch den Garten schlängeln, erfordern einen besonderen, aber trotzdem bescheidenen Bodenbelag. Kleinformatiges Material wie Klein- und Mosaiksteinpflaster, Kies und Schotter nimmt nicht nur die Bewegungen des Weges auf, sondern fügt sich auch harmonisch in das Gartenbild ein (▲). Trittplatten im Schrittmaß verteilt sind ideal zwischen Pflanzbeeten: Sie sind der Bepflanzung deutlich untergeordnet, unterbrechen sie kaum, erlauben aber das Betrachten und die Pflege der Pflanzen. Der Eindruck des Grünen wird nicht gestört. Hier wurden breite, regelmäßige Trittplatten (◄), die schlicht, funktionell und anspruchslos sind, verwendet.
Bei Platten- und Pflasterflächen ist das Fugenbild zu berücksichtigen, da es optisch in den Vordergrund tritt und den Charakter der Flächen betont. Sind die Fugen mit Moos oder absichtlich als Rasenfugen ausgeführt, schimmert das Grün hindurch und fungiert als Bindeglied zwischen den benachbarten Pflanz- oder Rasenflächen. Breite, öfter begangene Wege erfordern eine aufwändigere Ausführung. Natursteinplatten wie Gneis (►) sind großzügig, ein würdiger Begleiter der üppigen Pflanzbeete.

Variation mit Reihen

Kleinsteinpflaster, ob aus Granit wie hier oder aus anderen Gesteinen wie etwa Sandstein, Porphyr oder Grauwacke, ist neben Plattenbelägen eines der meist verwendeten Natursteinformate im Garten. Wegen der geringen Belastung eines Gartenwegs kann aus der vollen Variationenvielfalt an Verlegungsarten geschöpft werden. Aber auch innerhalb einer Verlegungsart gibt es verschiedene Möglichkeiten. Reihenpflaster, ob im rechten Winkel (▲) oder diagonal (◄) verlegt, benötigt speziell vorsortiertes Steinmaterial. Wege durch schattige Partien verlangen eine sorgfältige Planung. Sie müssen sowohl die spezifische Stimmung aufnehmen als auch mit der Bepflanzung harmonieren. Auf Grund seiner vielfältigen Erscheinungsformen entspricht Naturstein trotz Bedenken zur Trittsicherheit diesen Anforderungen. In Halbsonne und in Kombination mit Halbschattenpflanzen erhält Naturstein eine ganz besondere Ausstrahlung.
Eine gekonnte Wegeführung ganz im Einklang mit dem Gestaltungsstil: Der Basaltweg führt fast wie ein Sprungbrett ins Grüne (►), kündigt einen Wechsel zum wilden Anschnitt an, wo tief eingebettete Findlinge die optische Führung übernehmen und fast in der Vegetation zu versinken scheinen.

Klassische Lösungen und Sonderformate

Kies ist ein klassischer Belag für Wege jeder Breite (▲). Hier ist er mit Natursteinen eingefasst, um das Wandern der kleinen Steine zu verhindern. Allzu oft wird die Wegeeinfassung vergessen oder es wird bewusst auf sie verzichtet, ein Fehler, der später nur mit großem Aufwand zu korrigieren ist. Denn die Einfassung ist wesentlich mehr als eine optische Linie oder eine Trennung zwischen zwei Bereichen, sie gibt vielmehr der befestigten Fläche seitlichen Halt und Stabilität. Ihre Art ist in Abstimmung mit dem Belag zu wählen, entweder wird sie ihm wie abgebildet dezent untergeordnet oder sie bildet einen deutlichen Kontrast zu ihm.
Ähnlich wie Kies haben sich Schotter oder gebrochene Steine, ein Abfallprodukt der Steinproduktion, als preisgünstige Belagsarten – auch zur temporären Einrichtung – erwiesen (◀).
Gerade im Garten können Sonderformate oder ungewöhnliche Gegenstände wie diese Mühlen- und Schleifsteintrittplatten aus Sandstein ideale Verwendung finden, da sie ihm eine persönliche Note verleihen (▶). Weitere Objekte aus Naturstein, die als Bodenbelag ein neues Leben erhalten können, sind alte Randsteine, alte, auch gebrochene Gehwegplatten, Pfeiler oder Säulen.

Wege über Wasser

Trittsteine über Wasser üben eine magische Anziehungskraft aus. Für Wasserfreunde und Kinder ist es ein aufregendes Erlebnis, hüpfend und springend über das Wasser zu gelangen. Der Abstand der Steine sollte sich am Schrittmaß von 65 Zentimeter orientieren, die Steinfläche selbst sollte so groß sein, dass man bequem darauf stehen kann (▲). Die Steine, alle von ähnlicher Größe und natürlich derselben Gesteinsart, sind sorgfältig und standfest zu setzen, die Oberfläche muss von einer Höhe sein. Höhenunterschiede sind unsichtbar unter dem Wasserspiegel im Mörtelbett und Betonfundament auszugleichen.
Teichränder sind eine der schwierigsten Gestaltungsaufgaben, denn sie sollten natürlich wirken und gleichzeitig funktionell sein (◄). Unterschiedliche Breiten und Material von verschiedenem Format helfen, einen natürlichen Eindruck zu erwecken (►). Bei der Auswahl der Gesteinsart für Wasserläufe und Teiche ist an die Wechselwirkung mit der Ufer- und Wasserbepflanzung zu denken. Die Gesteine, hier Granit, beeinflussen den ph-Wert des Wassers, deswegen muss man sich bei der Planung solcher Anlagen unbedingt an örtliche Vorkommen halten.

Fast zu schön, um wahr zu sein – ein spiegelnder, schimmernder Plattensteg aus schwarzem Granit.

Plätze – Kleinode im Garten

Naturstein steht im Einklang mit dem natürlichen Charakter eines wie
idealen Platz im Garten auszeichnet. Hier spielt Naturstein nicht nur
in manchen Situationen auch als Raum schaffendes Element in Form
Ende einer Blickachse, versteckt in der Vegetation, an einer Wegkreu-
er kann die Aufmerksamkeit auf eine Besonderheit im Garten lenken

Plätze, kontemplative Orte im Garten, manchmal nur groß genug für eine Sitzbank, sind nicht nur Domänen des großen Gartens. Auch im kleineren Garten ist es möglich, mehrere Plätze für verschiedene Tageszeiten oder Stimmungen einzurichten. Die Form des Platzes, ob streng geometrisch oder fließend organisch, ergibt sich aus dem Gartenstil. Je aufwändiger und üppiger die umrahmende Bepflanzung ist, desto dezenter und zurückhaltender wirkt der Platz.

Einige Belagsarten scheiden sofort aus, da sie nicht in beabsichtigter Form „gebogen“ werden können, andere dagegen sind zu dominant. Kies ist einer der zurückhaltendsten und anspruchslosesten Beläge für einen Platz im Garten. Jede Form, ob geometrisch oder organisch, lässt sich problemlos verwirklichen.

Großartige Ornamentflächen sind an diesen bescheidenen Orten

zufällig entstandenen Ortes, der den als Bodenbelag eine Rolle, sondern von Grenz- oder Stützmauern. Ob am zung oder einfach unter einem Baum, oder einfach nur Rastplatz sein.

Ist der Platz ein Markierungspunkt für etwas Besonderes, kann er durchaus aufwändiger gestaltet werden.

nicht immer gefragt, eher sparsame, aber überzeugende Materialkombinationen in Form von kleinen Medaillons. An Markierungspunkten oder am Fuß einer Sitzbank wirken sie sehr dekorativ. Die Kombination von Natursteinplatten mit Natursteinpflastern wie auch mit Klinkern oder Ziegeln zählt zu den weiteren Gestaltungsmöglichkeiten, wobei immer innerhalb eines Stils zu arbeiten ist. Rustikal beispielsweise werden Bruchsteinplatten auslaufend in Kies angeordnet, oder elegant wird Kleinsteinpflaster aus zweierlei Gesteinen gekonnt gemischt, zum Beispiel dunkler Granit mit weißem Marmor. Eine der Lösungen ist fast zu einem Klassiker geworden: runde Plätze aus Naturstein-Großsteinpflaster für die äußeren Kreise, Klinker für die kleinen Radien und Klein- oder Mosaiksteine in der Mitte.

Ein Ort der Kontemplation, eingebettet im Grünen – bescheiden, aber dennoch sorgfältig gestaltet.

Erholungsplätze und Verstecke

Plätze am Teich dürfen weder sofort ins Auge fallen noch unangenehm hervortreten, sie sollten fast mit dem Gesamtbild verschmelzen. Einen Platz zu gestalten, ohne das Ambiente durch gewollte Form zu stören, ist am besten zu lösen unter Verwendung natürlicher Elemente der Uferlandschaft, einer unauffälligen Rasenfläche, einem Sandstrand oder einer selbstverständlich wirkenden Steingruppe.

Die Gestaltungssprache der Uferzone mit Holzsteg und Kiesstrand wird hier beispielhaft eingesetzt (▲). Durch gekonnte Mischung der Steingrößen wird ein Kiesstrand vorgetäuscht. Auch die Einrichtungsgegenstände sind abgestimmt auf den Standort.

Ein Platz im Schatten eines Baumes, einladend, aber unauffällig (◄). Die Größe des Granit-Großsteinpflasterplatzes steht in Proportion zum Sitzplatz. Sie ist aber auch geeignet für die spontane Besetzung des Platzes durch lockere Bestuhlung.

Im Schatten, mit schlechter Lebensbedingung für Vegetation, kann Pflaster die beste Lösung sein, bewusst zum Bewundern gestaltet, aber trotz allem zurückhaltend, der Platz für die Sitzbank bescheiden und versteckt am Rande vorgegeben (►).

Die Terrasse – ein Raum im Freien

Zunehmend wird die Terrasse als zusätzliches Zimmer angesehen, ein Wohn- oder Esszimmer sorgfältig geplant und möbliert wird. In den ment, das im Garten gebaut oder geplant wird. Bei schlüsselfertigen rechteckige Fläche von minimaler Größe, mehr oder weniger lieblos sinnvoll zu benutzen, sind oft Anstückelungen erforderlich.

Inzwischen ist es üblich, mehrere Terrassen vorzusehen, die nach Funktionen und ihrer Zuordnung zum Haus gegliedert werden. So erhält man eine Küchenterrasse, eine Essterrasse und eine Wohn- und Entspannungsterrasse. Auch wenn ziemlich viel über Terrassengrößen geschrieben und diskutiert wurde, diktiert letztendlich die Funktion zusammen mit der vorgesehenen Möblierung das Ausmaß. Die wunderschönen Beispiele, die in Zeitschriften abgebildet werden, sind in den seltensten Fällen Zufallstreffer. Sie sind meist sorgfältig gestaltet, wobei Bodenbelag, Möbel, Beschattungsmaßnahmen und Tischdekoration aufeinander abgestimmt wurden, um ein spezifisches Ambiente zu erzeugen. Die Belagsart kann Impulse geben für Gestaltungsstile, etwa bäuerlich auf Kieselsteinen, italienische Eleganz auf regelmäßig verlegten Platten oder Provinzstil auf Kies.

Raum im Freien, der ebenso wie das
meisten Fällen ist sie das erste Ele-
Neubauten ist die Terrasse meist eine
ans Haus geklebt. Um solche Zonen

Funktionale Anforderungen an den Belag dürfen den gestalterischen Ambitionen nicht untergeordnet werden: Es müssen ebene, rutschfeste Flächen entstehen, auf denen Gartenmöbel standfest stehen, Oberflächenwasser schnell abfließt und die gut wittern. Die Wahl des Belags ergibt sich auch aus dem Baustil des Hauses und den Bodenbelägen im Hausinneren. Da eine direkte Verbindung zwischen innen und außen besteht, sind diese Übergänge sorgfältig zu planen. Die Draufsicht auf die Böden am Übertritt wie auch ihre Ansicht aus der Sitzperspektive, von wo aus der Blick zwischen innen und außen – oder umgekehrt – schweift und die Beläge zu einer optischen Einheit werden, bleiben oft unbedacht. So ist der Bodenbelag auf der Terrasse nicht nur Brücke zum Grünen, sondern auch Antwort auf die Gestaltung im Inneren.

Hier wird deutlich, inwieweit die Belags- und Verlegungsart die Stimmung beeinflusst.

Urlaub zu Hause in einer Terrassenlandschaft mit sparsam, aber meisterhaft eingesetzten Belägen: Kiesel im Mörtelbett, durch Bänder unterteilt.

Übergänge und Anbindungen

Terrassen sollten sich auf ganz selbstverständliche Art und Weise an das Haus anschmiegen, eine waagerechte Erweiterung des Gebäudes sein, sich mal größer, mal kleiner um das Haus wickeln. Sie müssen einen passenden Kragen zum Baukörper darstellen, der auch die Traufzone mit einbezieht.

Allzu oft ist die Terrasse erhöht und bildet so einen Ausguck, der vom Garten durch seine Höhe getrennt ist. Ein sorgfältig geplanter Übergang, etwa wie hier (▲) mit breiten Stufen zur Rasenfläche, oder die Anbindung an einen Weg, der sich weit in den Garten erstreckt (◄), hilft, auch die Terrasse zu einem Teil des Gartens zu machen.

Bei großzügig angelegten Terrassen fügen sich Wege und Sitzzonen zu einem homogenen Ganzen. Der Standort des Tisches ist in diesem Fall nicht an einen einzigen Platz gebunden, sondern er kann beliebig zum Schatten oder zur Sonne wandern. Der Granit-Naturstein-Pflasterboden, unterbrochen von zarten Kieselblumen, ist hier ein idealer Partner. Im Allgemeinen ist es aber ratsam, den Boden nicht zu aufwändig zu gestalten, denn das Zusammenspiel zwischen allen Komponenten sorgt für ausreichend optische Abwechslung (►).

Regelmäßige oder „wilde“ Platten

Nach der Festsetzung der Größe der Terrasse ist die nächste Entscheidung der Belagstyp. Die Auswahl an Möglichkeiten ist überwältigend, sowohl vom Material selbst, als auch von der Verlegungsart und dem Bearbeitungsgrad der Beläge. Hier hilft nur eins: so viele Flächen wie möglich zu besichtigen und zu begehen, bevor die Wahl getroffen wird.

Der Grad der Bearbeitung von Platten ist eine Frage des Stils und des Geschmacks. Leicht spiegelnde Beläge wirken hart und kontemporär. Sie mögen vielleicht in modernen Innenhöfen, auf Dachgärten oder großen Balkonen eine passende Kühle ausstrahlen, sind aber im Garten selbst schwierig zu integrieren. Der Standort spielt dabei eine große Rolle. Während präzise geschnittene und regelmäßig verlegte Plattten um ein Einfamilienhaus in einer Villengegend passend erscheinen (▲), sind sie für ein Bauernhaus völlig ungeeignet.

Polygonale Platten in wildem Verband sind sehr gängige Terrassenbeläge (◀). Die unregelmäßige Form entspricht der naturhaften Ausstrahlung eines Gartens. Von urig wirkenden Krustenplatten bis zu gesägten Platten mit unregelmäßigen Kanten wird eine große Palette von Gesteinsarten angeboten (▶).

Naturstein, Wasser und sparsam verteilte Pflanzen vereinen sich zu einer beispielhaften Anlage: funktionell, individuell und einladend.

Stufen und Treppen

Bei richtiger Planung und Ausführung können Stufen und Treppen
bindung zwischen einer Ebene und der nächsten. Wie die grandiosen
ten können sie einen schönen Blickpunkt darstellen oder, wenn sie
für Pflanzen und Kleinkunst sein. Auch als spontane Sitzfläche oder
den und Farne sind sie sehr gut geeignet.

Wie die Produktion aller architektonischen Elemente ist auch der Bau von Stufen und Treppen an jahrhundertelang erprobte Regeln gebunden. Ein kurzer Einblick in den Aufbau einer Stufenanlage ist hilfreich, um ihre Zusammensetzung und dadurch die Variationsmöglichkeiten zu verstehen. Die Steigung, das heißt die Höhe der Stufe, muss für alle Stufen innerhalb einer Anlage gleich sein, als Richtmaß für außen gilt zwischen 10 und 20 Zentimetern. Die Tiefe des Auftritts, also der waagerechten Fläche, auf die man tritt, ist gleichmäßig zu gestalten, der Auftritt selbst muss rutschfest sein. Die Fläche ist leicht nach außen zu neigen, um Staunässe im hinteren Teil zu vermeiden. Für den Garten gilt die Maxime: niedrige Steigung und breite Auftritte für bequemes Begehen. Gemessen an einem Schrittmaß von 65 Zentimetern wurde die bekannte Faustformel 2 x Höhe + Tiefe = 65 Zentimeter einge-

wesentlich mehr sein als nur eine Ver-
Treppenanlagen in historischen Gär-
breit genug sind, Ausstellungsfläche
als Pflanzfläche für besondere Stau-

Einzelne Stufen werden oft übersehen und werden leicht zur Stolperstelle, wenn kein Signal vorhanden ist.

setzt. Gerade bei Naturstein gibt es verschiedene Variationen der Stufenbildung: Bei der Blockstufe sind Steigung und Auftritt aus einem Stück.

Legstufen haben als Auftritt eine Stufenplatte, manchmal mit bearbeiteter Vorderkante. Der Auftritt ist aufliegend auf einem Block entweder desselben Materials oder eines anderen, dessen Höhe von der Endhöhe der Stufe abhängt. Stellstufen sind eine Abwandlung davon, wobei senkrecht eingesetzte Platten die volle Steigungshöhe überwinden, der Auftritt dahinter aber ausgepflastert wird.

Ist eine Treppenanlage lang oder muss ein Richtungswechsel vorgenommen werden, wird ein Podest eingesetzt. Im Garten wirken Podeste gut als Unterbrechung und Auflockerung, sie bieten auch die Möglichkeit, einen Ruheplatz oder einen Stellplatz für eine Skulptur einzurichten.

Stufenanlagen bieten sich auch als Stell- und Pflanzflächen an, ohne die Sicherheit beim Gehen zu beeinträchtigen.

Stufen in vielen Variationen

Zwischen den Spalten und Fugen (▲) siedelt sich allerlei Wildwuchs an. Spontane Vegetation durch Glockenblumen, Storchschnabel, Lerchensporn, Spornblumen, Hauswurz und viele andere stellt immer eine Bereicherung dar.

Wird aber die Anlage der Natur überlassen und wie hier wenig oder kaum benutzt (◄), verwandelt sie sich in einen Farngarten, begleitet von Moos und anderen Schattenpflanzen. Sie ist wunderschön anzusehen, aber nur mit äußerster Vorsicht zu begehen.

Die Breite einer Treppenanlage, insbesondere wenn sie beidseitig von Vegetation begrenzt ist, sollte nicht zu schmal bemessen werden. Mit Ausnahme von Pflegestufen, die eher Trittsteinen gleichen, sind Treppenanlagen so anzulegen, dass zwei Personen bequem nebeneinander gehen können.

Da Naturstein hervorragend zu anderem Material passt, sind Kombinationen wie diese beispielhaft (►). Aus der Draufsicht scheinen Sandsteinstufen und Podest zu einer Einheit zu verschmelzen. Frei schwebende Treppen sind reizvoll, aber nur für kurze Treppenabschnitte geeignet.

Anschluss und Einbindung

Der Gesamteindruck einer Stufenanlage wird bestimmt durch ihre seitliche Einbindung. Statisch erforderlich ist eine gebaute Eingrenzung, die strenge Erscheinung durch eine scharfe, optisch dominierende Kante jedoch nicht immer gewünscht. Sie gehört so gut wie möglich eingebettet und kaschiert. Bei kurzen Treppen von zwei oder drei Stufen schließt sich öfters das Erdreich einfach an (▲). Sinnvoll verteilte und gut eingebettete Kieselsteine können Höhendifferenzen überspielen und gleichzeitig als Kontrast wirken.

Eine gärtnerische Lösung, die dem Charakter dieses Gartens entspricht, ist die Aufschichtung einer seitlichen Wange aus dem gleichen Naturstein wie die Stufen, sodass die schmale Treppe scheinbar aus dem „Felsstein" wächst (◀).

Neben der Auspflasterung des Auftritts werden Pflastersteine immer wieder zur Stufenbildung verwendet. Da sie von Format und Bearbeitung – sie sind konisch geformt und haben nur eine Sichtfläche – für Bodenbeläge vorgesehen sind, haben sie nicht die beste Voraussetzung für eine stabile, saubere Stufe. So müssen Pflastersteine, die als Blockstufen dienen, sorgfältig ausgesucht und bei Bedarf nachgearbeitet werden (▶).

Eine Chance für den Steingarten

Alpinum und Steingarten haben zu Unrecht einen „modrigen" Ruf, man verbindet sie mit Botanischen Gärten oder sieht sie als Domäne leidenschaftlicher Sammler. Dass jedermann in seinem Garten allein mit Natursteinstufen ein Stück Steinlandschaft entwickeln kann, ist wenig bekannt.

Zwischen Stufe und seitlicher Befestigung bleibt ausreichend Lebensraum für Bewuchs (▲).

Gut angelegte, moderne Steingärten sind selten. Eine natürlich wirkende, aber dennoch durchdacht gestaltete Komposition ist nur möglich, wenn das Steinmaterial mit Liebe und Verstand eingebaut wird und die passenden Pflanzen für diesen Lebensbereich gewählt werden (▶). Nagelfluh, ein Konglomeratstein, ist ideal für diese Zwecke. Sein Einsatz ist allerdings wegen seines regionalen Vorkommens auf Süddeutschland beschränkt. Die Hohlstellen bieten Lebensraum für allerlei Pflanzen und die Spaltbohrstreifen der Blöcke verleihen ihm einen interessanten Rhythmus. Durch den absichtlichen Kontrast des lebhaften Steins mit den harten Granitstufen erhält die ganze Anlage eine besondere Note. Eine vermeintlich nachteilige Höhendifferenz im Garten wird so zum Vorteil (◀).

Natursteinmauern

Ein ummauerter Garten hat etwas Geheimnisvolles, er ist eine private der Außenwelt getrennt, seine gärtnerischen Fantasien verwirklichen eine Grenze oder eine Markierung des Grundstücks, sie ist Schutz und oft nur als zusammenhängende Fläche betrachtet. Dabei wird die bild, die Schichtung der Steine und die Abdeckung, häufig übersehen.

Wer das Glück hat, einen Garten mit vorhandener Mauer zu übernehmen, weiß sie zu schätzen, denn heute ist die Errichtung einer freistehenden Grenzmauer eine Seltenheit geworden. Nicht nur die Kosten, sondern auch die baurechtlichen Bestimmungen halten viele Gartenbesitzer davon ab. So sind es meist Stützmauern, die heute errichtet werden.

Mit zunehmend kleineren und ungünstig gelegenen Grundstücken wird der Bau einer Stützmauer als Hangsicherung erforderlich, um den Bauplatz oder Garten optimal nutzen zu können. Jeder scheut vor anscheinend hässlichen Mauern zurück, aber unter Einsatz von passendem Naturstein, im richtigen Verband und womöglich gedämpft durch weiche Bepflanzung, kann der vermeintliche Nachteil eines „ungünstigen" Grundstücks zu einer Bereicherung werden.

und geschützte Zone, in der man, von
kann. Aber eine Mauer ist mehr als
Lebensraum zugleich. Mauern werden
Ästhetik einer Mauer, also das Fugen-

Eine Böschungsmauer im Garten zieht Blicke auf sich.

Wie früher dient auch heute die bescheidene Feldmauer als Vorbild. Damals wurde das Material, das zur Verfügung stand, genommen und sorgfältig aufgeschichtet. Die Verbandsarten wurden auf das Material und den zu erwartenden Erddruck abgestimmt.

Auf diese Weise entwickelte sich ein regionaler Mauertyp, der heute noch gültig ist. So ist zum Beispiel der Friesenwall aus aufgetürmten, gerollten Findlingen mit Erdsoden als Abdeckung auf Sylt heimisch, die Sandsteinterrassenmauern auf Weinbergen in Württemberg oder die Klaubsteinmauern in den Nordalpen.

Gerade in einem Garten mit engem Bezug zum Grünen und der Umgebung sollte der regionale Mauertyp aufgenommen werden, auch wenn dieser nur kostengünstige Verkleidung vor einem verschalten Kern ist.

Eine grau-gelbe Wesersandsteinmauer umkreist den Solitärbaum und läuft auf selbstverständliche Weise in die Vegetation aus.

Stein auf Stein

Trockenmauern, in denen die Steine ohne jegliche Bearbeitung oder Bindemittel direkt vom Steinbruch aufeinander geschichtet werden, sind eine der häufigsten Bauweisen für niedrige bis mittelhohe Böschungsmauern im Garten. Die Art und Weise, in der die Steine geschichtet werden, gibt der Mauer Halt und Stabilität. Sie steht nicht im rechten Winkel, sondern leicht anlaufend zum Boden, um dem Erddruck entgegenzukommen.

Jede Mauer hat ihre eigene Handschrift, hier ein Bruchsteinmauerwerk aus Jura-Kalkstein (▲). In den Ritzen siedelt sich Flora an, ein Vorgang, der durch das Einbringen von Humus in die Spalten und die Pflanzung von geeigneten Spezien beschleunigt werden kann (◀). Für einen besonders naturhaften Effekt können große markante Steine in den unteren Bereich der Mauer eingebaut oder kann auch eine Quelle vorgetäuscht werden. Äußerst lohnend ist der Einbau einer Sitzfläche, die gleichzeitig als Abstellfläche dient – entweder als Mauerabdeckung oder wie hier als Platte auf vorgesetzten Steinen, die hintere Mauer wird zu einer großen Rückenlehne (▶).

Drei Stützmauern

Erst wenn Mauertypen einander gegenübergestellt werden, wird ihre Vielfalt klar. Alle hier abgebildeten Mauern sind von vergleichbarer Höhe – aber von ganz unterschiedlicher Ausstrahlung. Schichtmauerwerk, unter Verwendung von plattenartigem oder schieferigem Material, wird in vielen Gärten verwendet. Stainzer Gneis (wie viele Natursteine nach dem Abbruchgebiet genannt) ist wegen seiner Farbgebung, die von Rosa bis Grau, von Orange-Braun bis fast Schwarz reicht, und wegen seiner Struktur ein beliebtes Material (▲).
Sandstein, eines der am häufigsten verwendeten Gesteine im Garten, hat die wunderschöne Eigenschaft, dass er Wärme speichert und abstrahlt. Dies ist der Grund für seine häufige Verwendung in Weinbaugegenden und dafür, dass er auch im Bereich von Sitzplätzen gerne verwendet wird. Besonders im Sommer spürt man noch lange nach Sonnenuntergang die angenehme Wärme der Steine (◀). Aber aufgepasst: Nicht jeder Sandstein ist für den Einsatz im Freien geeignet, manche sind nicht frostsicher.
Im Nutzgarten ist es nicht erforderlich, eine aufwändige Mauer zu bauen. Wie im Feld sind hier lockere, aber trotzdem stabil verlegte Steine völlig ausreichend (▶).

Der Charakter des Steins

Naturstein ist nicht nur landschafts-, sondern auch stimmungsprägend. Dies ist direkt auf die unterschiedlichen Gesteinsarten und ihre Zusammensetzung zurückzuführen. Die geologische Unterteilung der Gesteine in zwei Hauptgruppen, die Hart- und die Weichgesteine, ist bedeutend für ihren Gebrauch im Freien. Vereinfacht betrachtet ergibt ihre Zuordnung auch Hinweise auf ihr Aussehen und ihre haptische Qualität.

So scheint Sandstein, ein Weichgestein, tatsächlich weicher und feiner zu sein als beispielsweise Gneis oder Granit.

Die Mauer aus Stubensandstein ist wie aus dem Lehrbuch, massiv, aber nicht bedrohlich, stabil genug für Jahrhunderte (▲).

Nagelfluh, auch ein Weichgestein, ist von großer Härte – ein Vorteil beim Bau von Mauern –, aber als „Naturbeton“ von solch reizvoller Erscheinung, dass er ausstellungswürdig ist (◄).

Von den Hartgesteinen ist Granit der bekannteste. Bei der Auswahl des Materials ist neben der Farbe (alle Grautöne, gelb, rot wie auch bläulich) ebenso die Körnung von Bedeutung. Neues Material scheint immer scharfkantig zu sein, hier in einer gekonnten Gestaltung als Mauerpfeiler und Bodenbelag eingesetzt (►).

Ausstattung: die Vollendung des Gartens

Für viele Gartenbesitzer ist ein Garten erst mit der Ausstattung voll-
ausgesuchten Objekten, die dem Garten den letzten Schliff geben. Ob
ein bescheidenes Fundstück handelt, beide tragen zur individuellen
mäßige Gegenstände wie Gartenmöbel, Pflanzgefäße und Leuchtkör-
Wertstellung des Gartens und liefern einen nicht unbedeutenden Bei-

Wegen der engen Verbindung und Wechselwirkung von Gartenschmuck mit anderen Elementen des Gartens wie der Bepflanzung, den Bodenbelägen und den Gartenstrukturen, ist es ratsam, sich Zeit zu nehmen, um das Richtige zu finden. Nicht nur das Objekt, sondern auch der Standort muss genau bestimmt werden, sodass Hintergrund und Gegenstand zu einem harmonischen Ganzen zusammenfließen und sich nicht gegenseitig in ihrer Wirkung behindern oder erschlagen.

Naturstein ist ein seit Jahrhunderten bewährtes und beliebtes Material für Ausstattungsgegenstände des Gartens. Wohlhabende Gartenbesitzer der Vergangenheit beauftragten oft Künstler, ihren Garten mit Natursteinfiguren, Sitzbänken, Brunnen oder Grotten zu zieren oder sie stellten antike Stücke auf. Ein Garten ohne Natursteinskulptur war nicht gesellschaftsfähig.

endet: Jenen ausgefallenen, mit Liebe
es sich um erlesene Kunstwerke oder
Note im Garten bei. Auch zweck-
per sind Ausdruck einer persönlichen
trag zur Schönheit des Gartens.

Vieles hängt von der Präsentation und Platzierung ab. In der richtigen Umgebung erhält sogar eine bescheidene Tuffsteinkugel einen besonderen Stellenwert.

Heute wird nicht nur die künstlerische Bearbeitung, sondern auch die Ästhetik des Natursteins selbst bewundert. Einflüsse aus der asiatischen Gartenkunst sind spürbar; der Stein als ein Stück „Naturkunst" wird nunmehr im Garten zelebriert. Die Qualitäten des Materials, seine Oberflächenstruktur und Farbgebung stehen im Vordergrund, etwa die glatten Konturen eines von der Natur geschliffenen Findlings oder die Lebendigkeit von Nagelfluh. Diese Verwandlung ist am Beispiel der Steinbank am deutlichsten. Die halbrunde, fein bearbeitete Steinbank, das so genannte Stibadium, war ein Gebrauchsgegenstand und Kunstwerk zugleich. Bekannt aus römischen Villengärten und Gärten des 18. und 19. Jahrhunderts, ist sie aus dem heutigen Gartenvokabular verschwunden. An ihrer Stelle stehen einfache Steinplatten auf Steinbrocken oder in Natursteinmauern eingebaut.

Oft ist die pure Schönheit des Materials Schmuck genug. Die sechs Zentimeter starke Tischplatte aus Maggia Quarzit funkelt im Sonnenschein wie kleine Diamanten.

Kunst im Garten

Wer eventuelle Vorbehalte gegen Kunst im Garten abbaut, entdeckt eine neue Welt. Nicht jeder kann sich einen Henry Moore leisten, aber mit etwas Fantasie und mit Einsatz des geheimnisvollen Überraschungsmoments, das im Garten voll ausgenutzt werden kann, sind gelungene Lösungen möglich. An Stelle der Sonderanfertigung ist die Kunst der Wiederverwertung aktuell: Bauteile, Reststücke von alten Mauern wie Pfeiler und Mauerkronen, alle mit Patina überzogen, lassen sich hervorragend im Garten einbetten. Oft genügt nur ein Teil einer Figur, wie dieser Kopf (▲), der etwas von einem alten, weisen Beobachter ausstrahlt und eine stille Reife vermittelt.

Für Unikate oder Kleinserien ist im Garten immer ein Platz. Diese schönen, schlanken Sandsteinsäulen passen in fast jeden Garten (◄). Die Wassertropfen hängen an der gespitzten Oberfläche, arbeiten sich langsam nach unten und betonen die Rauigkeit des Steines.

Gruppen von unterschiedlich großen Objekten mitten im Staudenbeet bekommen eine Eigendynamik; der Kontrast zwischen den lockeren, gemischten Blattformen und den starren, massiven Natursteinen ist äußerst spannend (►).

Dekoration im Detail

Im Garten wird das Spiel mit Kontrasten und Gegensätzen immer wieder eingesetzt, auch wenn es manchmal erst bei näherer Betrachtung offensichtlich ist. Der Wechsel zwischen waagerechten und horizontalen Formen ist dabei einer der beliebtesten Gestaltungseffekte. Die Säulen der Pergola (▲), elegante, schlanke Monolithe aus Granit, sind eine Übertragung der Landschaftssprache des Tessins. Die Steinsäulen haben mehr als nur eine tragende Funktion, sie gliedern den Garten und rahmen die Blicke.
Dass die Natur Inspiration für viele Kunstwerke ist, ist bekannt, dass diese Stücke ihren Platz im Garten finden, ist eine logische Folge. Die „Blüten-Säule"aus Granit könnte gut als Brunnen oder Leuchtkörper dienen (◄).
Der Einfluss der asiatischen Gartenkunst, in der dem Betrachter Kontraste vor Augen geführt werden, um dadurch die spezifischen Eigenschaften der einzelnen Dinge zu betonen, wird hier deutlich. In diesem Fall ist es der Gegensatz von Natur (Granit) und einem vom Menschen geschaffenen Gegenstand (eine gedrehte, glasierte Schale), von rund und kantig, von rau und glatt, von stumpf und spiegelnd (►). So ist auch ein gelungener Garten voll von Gegensätzen, die ein stimmungsvolles Ganzes ausmachen.

Wasser und Naturstein

Wasser übt eine große Faszination aus – wer möchte nicht seinen eige-
seinem eigenen Teich sitzen oder die Füße im Wasserbecken baumeln
lichung des Traums vom Wasser im Garten auch ist, Naturstein ist
rahmung oder Schmuck. Die Synthese von Wasser und Stein gehört
Wasserperlen auf einem Stein bis hin zu rauschenden Kaskaden über

Wie das Wasser über einen Stein fließt, staut, rinnt oder tröpfelt, wie der Wasserfluss nie ganz einschätzbar ist, auch wenn es sich um die hundertste Ausführung des gleichen Sprudelbrunnens handelt – die Faszination von Wasser im Garten ist vielfältig. Jeder hat schon einmal leuchtende Steine am Strand bewundert, die ihren Glanz plötzlich verlieren, wenn sie trocknen. Dies und noch viel mehr gehört zu der außergewöhnlichen Wirkung von Steinen in der Natur. Durch Wasser werden die Farben im Stein brillanter, die Kontraste deutlicher, die Struktur noch lebhafter.
Verwitterung und Erosion von Naturstein durch Wasser ist im Vergleich zu anderen Werkstoffen – Holz verfault, Metall korrodiert – ein langsamer, kaum wahrnehmbarer Vorgang. Lediglich weichere Sedimentgesteine wie Tuff und manche Sandsteine leiden unter der Kombination von Umwelteinflüssen und Wasser.

nen Bachlauf im Garten haben, an lassen? Wie bescheiden die Verwirk- zwangsläufig dabei: als Behälter, Um- zum Naturerlebnis, von lautlosen Natursteinwasserstufen.

Ein Granittrog ist ein so selbstverständlicher Gegenstand, dass sein ästhetischer Wert oft übersehen wird.

Trotzdem ist hier wie in anderen Einsatzbereichen von Naturstein im Freien die Verwendung von frostsicherem Material notwendig, auch wenn die Wasserbecken im Winter geleert und die Brunnen verschalt werden.

Je ornamentaler der Einsatz von Wasser im Garten, desto feiner ist das Gestein und seine Bearbeitung. Von präzise profilierten Beckenrändern für Fontänenbecken über sauber bearbeitete Steine um formale Becken bis hin zu ausgehöhlten Blöcken für Brunnentröge – all dies sind handwerkliche Leistungen des Steinmetzes. Scheinbar einfache Einrichtungen leugnen die Kunst, mit der sie geschaffen wurden. Aufgetürmter Tuffstein, der die Wasserrohre einer Fontäne kaschiert, Nagelfluh als Rückwand für eine Kaskade oder als Bodenplatten um einen Sprudelbrunnen sind solche Elemente.

Von der Natur inspiriert, für den Garten gekonnt gestaltet – ein Gesamtkunstwerk aus Wasser, Steinen und Pflanzen zum Genießen und Erholen.

Details fügen sich zum Ganzen

Einen vorhandenen Bachlauf zu pflegen ist eine Herausforderung, das alljährliche Hochwasser und den Laubeinfall in den Griff zu bekommen, ohne die wilde Erscheinung zu zähmen, eine Leistung. Einen naturhaften Bach zu gestalten und anzulegen, verlangt Erfahrung und Einfühlungsvermögen, denn dies ist wesentlich schwieriger, als man zuerst annimmt (▲).

Jede Form der Künstlichkeit wird vermieden, bis auf einige sparsam verteilte Bezüge auf den Standort im Garten: Leicht bearbeitete Granitblöcke werden als Staustufen rhythmisch, aber nicht regelmäßig verteilt (◀). Die Stufen bremsen den Wasserfluss und steigern die Akustik von plätscherndem zu kurz strömendem Wasser.

Geröll, kantige wie auch runde, vom Wasser geformte Steine bedecken das Bachbett, kleines und großes Material liegt nebeneinander, wobei das Kleine aufliegend, das Große gut im Erdreich (▶) eingebettet ist.

Die Vollendung der Inszenierung sind die Pflanzen – unter anderem Farne, Astilben, Iris und Gräser, sparsam und sorgfältig in Gruppen und Driften verteilt.

Von Quellsteinen und Überquerungen

Früher baute man ein Haus nur dort, wo sich eine natürliche Wasserquelle befand. Dies war eine Überlebensvoraussetzung, die heute schnell vergessen wird. Damals wurde als erstes die Quelle eingefasst, anfangs mit Holz, später mit Stein. Die heutigen Wandbrunnen und freistehenden Rohrbrunnen sind ein vielleicht unbewusstes Andenken an diese Zeit. Mit einem Brunnen vor dem Haus ist man selbstständig und unabhängig.
Je einfacher der Wasserspeier – ein Rohr besitzt auch eine Ästhetik –, umso harmonischer das Zusammenspiel mit der Umgebung (▲). Wie ein Miniaturwasserfall spritzt das Wasser aus dem Jura-Kalksteinbrocken, ein schöner, einfacher Effekt.
Die Verwendung eines schlichten Steins als Behausung für den Zufluss und als Fangbecken ist zwar kein Kunstwerk, besitzt aber eine schöne Ausstrahlung (◀).
Schmale Bachläufe verlangen einfache, zweckmäßige Überquerungen, großartige Brückenkonstruktionen sind hier fehl am Platz. Eine schöne große Platte aus Anröchter Sandstein (▶), beidseitig vom Bach eingebettet und flankiert von Funkien, erfüllt die Anforderungen an Funktion und Gestaltung.

Regenwasserbehälter und Gießstellen

Jeder Gärtner entwickelt mit der Zeit einen bewussten Umgang mit Wasser. Dazu gehört ein respektvoller Gebrauch von Leitungswasser für notwendige Gießaktionen und das Sammeln von Regenwasser. Steintröge, ob rund oder rechteckig, waren seit eh und je Standardeinrichtung jedes Bauernhofs. Für die Viehwirtschaft wie auch für den Nutzgarten waren sie unentbehrlich. Obwohl in der Zwischenzeit viele Tröge in neuzeitliche Pflanzcontainer verwandelt wurden, wird ihre tatsächliche Funktion zunehmend wieder geschätzt. Auch neue Tröge, hauptsächlich aus Granit, werden wieder angeboten.

Tröge kommen in mehreren Durchmessern vor, angefangen von mittlerer Größe, hier drapiert mit Efeu (◀) und umrahmt von Buchs und Rosmarin (▲), bis hin zu eimergroßen Bottichen.

Als würdiger Mittelpunkt eines Nutzgartens, eingefasst von einem runden Granitkleinsteinpflaster-Platz und umrahmt von Buchshecken, ist der Granittrog nützlich und dekorativ zugleich (▶). In größeren Gärten sind mehrere Wasserstellen in möglichst geringer Entfernung von den zu gießenden Stellen vorzusehen.

Naturstein als Beiwerk für Pflanzenkompositionen

Naturstein und Pflanzen sind selbstverständliche Partner. Ob in Fels-
erfugen, verstreut über Schotterfeldern, am Fuß von Steinbrocken
gibt es Pflanzen, die sich den jeweiligen Lebensbedingungen angepasst
Die Fugen- und Spaltbewohner besitzen eine ganz besondere Schön-
Wedel des Schatten liebenden Hirschzungenfarns oder die dekorativen

Im Gegensatz zu den Steinen einer Mauer oder zu befestigten Flächen sind die Steine eines angelegten Steingartens thematisches Beiwerk. Sie sind primär Kulissen, schaffen Unterbrechungen und Blickpunkte innerhalb einer Pflanzung und bieten in den Spalten oder Hohlstellen – bei Tuffstein und Nagelfluh – Lebensraum für Pflanzen. Wegen ihrer wichtigen Rolle müssen sie gut ausgesucht und platziert werden. Frisch gebrochene Steine brauchen Zeit, bis sie die notwendigen Spuren der Witterung tragen und sich richtig im Garten einfügen. So kann eine gewisse Reifezeit in einem abgelegenen Teil des Gartens von Vorteil sein. Die Anordnung der Steine, ob nebeneinander- oder aufgeschichtet oder einzeln verstreut, ist maßgebend und ergibt sich manchmal aus dem Steinmaterial selbst. Eine gute Mischung von Größen ist vorteilhaft.

spalten, zwischen Pflaster- oder Mau-
oder am Ufer eines Bachlaufs, überall
haben und zum Gesamtbild gehören.
heit, seien es die glänzenden, ledrigen
Rosetten der Hauswurz.

Ein Granitbrocken, zusammengestellt mit Schmuckkörbchen und niedrigem Rittersporn.

Obgleich der Steingarten immer mit sonnigen, trockenen Standorten assoziiert wird, ist auch die schattige, feuchte Variante, der Farngarten, nicht außer Acht zu lassen. Zu diesen zwei Varianten kommt eine dritte: der Schotter- oder Steppengarten, ein enger Verwandter des klassischen Steingartens, der zunehmend in heutigen Gärten vorzufinden ist. Er entspricht dem Wunsch nach einer naturhaften, pflegeleichten, aber trotzdem spannenden und schönen Bepflanzung. Hier werden die Steine nicht zu Miniatur-Berglandschaften aufgetürmt, sondern einzeln über eine ebene Fläche verteilt und dazwischen wird Schotter verstreut. Solche Bereiche leben vom Spontanbewuchs, Eindringlinge wie zum Beispiel Königskerzen, Spornblumen oder Leinkraut werden von einem breiten Spektrum von gärtnerischen Arten wie Steppenkerzen, Nachtkerzen, Iris und Gräsern unterstützt.

Durch die matte Neutralität des Steins kommen die zarten Pastelltöne der Pflanzen noch mehr zum Vorschein.

Spaltbewohner und Überlebenskünstler

Für eine erfolgreiche und dauerhafte Bepflanzung ist es unbedingt erforderlich, Pflanzen aus dem zugehörigen Lebensbereich zu verwenden, Spontanbewuchs zu dulden und zu unterstützen und die Standortbedingungen zu akzeptieren.

Viele Pflanzen der Natursteinlandschaften haben sich durch ihre Blattform und ihre Verbreitungsart an die ungünstigen Bedingungen gewöhnt. Farn und Moos sind Überlebenskünstler, klassische Pflanzen des Schattens, die in enger Verbindung zum Naturstein stehen. Durch die Kombination mit Funkien wird der Bezug zum Garten geschaffen (▲).

Für Alpinen gibt es ein umfangreiches, nahezu unausschöpfliches Angebot an Stauden. Obwohl einige in die Kategorie von Liebhaberpflanzen fallen, sind andere wie Blaukissen, Schleifenblumen, Steinbrech und Steinkraut allgemein bekannt. Eine Trockenmauer in sonnigen Lagen hat viele Ähnlichkeiten mit einem Alpinum (◀).

In den tiefen Spalten der Sandsteinmauer fühlen sich Schleierkraut und die Kolonie von dickblättrigen Pflanzen wohl. Mit über 30 Arten ist die Hauswurz, auch Steinwurz genannt, eine der gängigsten Pflanzen des Steingartens (▶).

Gesteinsarten und Formate

Von allen Baumaterialien bietet Naturstein die breiteste Palette von
im Garten. Bevor die Entscheidung für ein bestimmtes Gestein fällt,
vorgesehene Funktion zu prüfen. Ein Einblick in die gängigsten Stein-
wie auch ihre Zuordnung zur Gartenfunktion hilft bei der Wahl.
lage nicht garantieren, aber den Weg dahin erleichtern.

Während manche Natursteine, wie zum Beispiel Granit, beinahe universal einsetzbar sind, eignen sich andere nur für spezifische Funktionen. Zu dieser Gruppe gehören Porphyr, Grauwacke und manche Kalk- und Sandsteine, die nur in kleinerem Format erhältlich sind und primär als Bodenbeläge Verwendung finden. Die Frostbeständigkeit des Gesteins, seine geologische Struktur wie auch die Spaltbarkeit und Leichtigkeit der Bearbeitung beeinflussen den Einsatz. Weiterhin spielt die Witterungsbeständigkeit eine erhebliche Rolle. Ist ein Stein nur bedingt frostbeständig, kann er nicht im Freien eingebaut werden. Neben technischen Gesichtspunkten sollten auch die Anbindung an vorhandene geologische Zusammenhänge und die Topografie in Betracht gezogen werden. Naturstein ist kein Supermarktartikel, der unbegrenzt und in jeder Größe vorrätig ist. Manche Vorkommen, zum Beispiel die von gel-

Formaten und Farben für den Einsatz ist es sinnvoll, dessen Eignung für die arten, ihr Format und ihre Größen Diese kann zwar eine gelungene An-

bem Granit, sind klein und die Steine daher entsprechend teurer als etwa der weitaus gängigere hellgraue Granit.

Ein guter Steinhandel gibt nicht nur Auskunft über Auswahl und lieferbare Mengen in Tonnen und Preis, sondern kann auch Mustersteine und in manchen Fällen Musterflächen zeigen. Als Grundregel gilt: je ausgefallener die Farbe, umso teurer der Stein. Wer bunte Farben vorzieht, ist besser beraten, gefärbten Beton zu wählen. Auch der Grad der Bearbeitung beeinflusst den Preis und natürlich das Aussehen. Dies ist ein wichtiger Punkt bei Platten und Mauern, wo die Sichtflächen unter anderem bruchrau, bossiert, gespitzt, gestockt oder gestrahlt sind. Bei allen Überlegungen ist es vernünftig, sich nicht von der Steinfarbe allein, sondern von der Gesamtqualität, der Struktur sowie der Textur, leiten zu lassen.

Granit ist unbeschränkt witterungsbeständig. Je nach Format ist er als Bodenbelag (hier Pflaster und Blockstufen), für Einfassungen und Mauern bis hin zu Skulpturen einsetzbar.

Im Garten sind schöne Kombinationen von Material und Formaten möglich. Zwischen Funktion und Steingrößen besteht aber ein direkter Zusammenhang. Hier sieht man Großsteinpflaster als Belag, Bruchsteine als Mauerwerk, Nagelfluh als Sockel und eine Granitplatte als Sitzfläche.

Funktion und Format

Das kleinste Format, in dem Naturstein vorkommt, ist der Kies (▲). Wenig bekannt ist, dass neben dem üblichen grauen und gelbbraunen Kies auch fast jede Farbe von Schwarz über Rot bis hin zu Weiß in allen Zwischentönen erhältlich ist.
Als nächste größere Gruppen folgen Mosaik-, Klein- und Großsteinpflaster, alles Würfel in unterschiedlichen Größen (von drei Zentimetern bis über 20 Zentimeter), erhältlich in einer Vielzahl von Gesteinsarten. Steinplatten, ob naturgespalten oder zu Form- und Bahnenplatten gesägt, kommen in vielen Größen vor (◄). Wechselnde Plattenbreiten sind eine kostengünstige Alternative und in vielen Fällen den regelmäßigen Bahnen vorzuziehen.
Quader – hier massive Sandsteinquader –, Bruchsteine und plattenartiges Material für Mauern werden entsprechend ihrer Größe im Steinbruch vorsortiert (►). Größere Blöcke für Tröge, Brunnen oder Skulpturen müssen gesondert bestellt werden und kommen, nachdem sie entweder direkt im Steinbruch oder beim Steinmetz bearbeitet wurden, als Fertigware zur Installation in den Garten.
Ziel der Auswahl ist es, wenige, aber gut geeignete Steine herauszusuchen: Steine, die mit der Landschaft und den Pflanzen harmonieren und zur Schönheit des Gartens beitragen.

Eine Auswahl gängiger Gesteinsarten für den Garten

Diese Liste ist eine Auswahl und erhebt keinen Anspruch auf Vollständigkeit. Anregungen und Vorschläge werden gerne entgegengenommen.

Gestein	Farbe	Format (u. a.)	Verwendung
Hartgesteine			
Basalt	Grau-Anthrazit	Groß-, Klein-, Mosaikpflaster	Bodenbelag
Gneis	Rosa-Grau Orange-Braun bis Schwarz schiefrige Struktur	Pflasterstein Platten Mauersteine	Bodenbelag Mauerwerk
Diorit	grünlich	Groß-, Klein-, Mosaikpflaster	Bodenbelag (oft mit Granit verwechselt)
Granit	Beige-Weiß Grau-Anthrazit Rot-, Gelb-, Blautöne fein- bis grobkörnig	Groß-, Klein-, Mosaikpflaster Randsteine Platten Mauersteine Brocken Quader, Kies	Bodenbelag Mauerwerk Solitär Skulpturen Brunnenbecken Tröge
Porphyr	Graubunt, Violabunt Braunbunt	Klein-, Mosaikpflaster	Bodenbelag
Quarzit	Grau, Graugrün Braungrün mit hohem Glimmeranteil	Pflastersteine Platten	Bodenbelag Ausstattung (Platten)
Weichgesteine			
Grauwacke*	Creme, Beige grünlich	Klein-, Mosaikpflaster	Bodenbelag
Kalkstein*	Creme, Beige bräunlich	Mosaikpflaster Platten Mauersteine Bruchsteine	Bodenbelag Mauerwerk Skulpturen

Gestein	Farbe	Format (u. a.)	Verwendung
Kalktuff (Tuffstein)	Gelb-Creme grobporig	Platten Brocken Quader	Bodenbelag Mauerwerk, Sockel Solitär
Marmor*	u.a. Weiß, Creme Beige, gelblich Rosa, Schwarz	Kies, Klein-, Mosaiksteinpflaster Platten Quader	Bodenbelag Ausstattung, Tischplatten Skulpturen Brunnenbecken
Muschelkalk	grau-bläulich	Klein-, Mosaiksteinpflaster Platten	Bodenbelag
Nagelfluh	Grau-Gelb, bräunlich Konglomeratgestein grobkörnig	Platten Mauersteine Bruchsteine Quader	Bodenbelag Mauerwerk Sockel Solitär
Sandstein*	alle Farbnuancen Gelb, rötlich, bräunlich	Groß-, Klein-, Mosaikpflaster Platten Mauersteine Bruchstein Quader	Bodenbelag Mauerwerk Sockel Ausstattung
Schiefer	Schwarz-Grau	Platten	Bodenbelag

Sondersteine (im Handel oft nicht nach Gesteinsarten sortiert)

Findlinge	Grau-Braun	rund-oval je nach Größe vorsortiert	Solitär, in Gruppen
Wackersteine	Grau-Braun	einzelne Steine auch gespalten	Bodenbelag
Kieselsteine	Weiß, Grau, grünlich, Rosa, Anthrazit	einzelne Steine	Bodenbelag

* Nicht alle Vorkommen sind frostbeständig. Wer detaillierte Informationen über Gestein und gängige Formate sucht, sollte ein Fachbuch zu Rate ziehen.

Adressen

Architekturbüro Landschaft und Garten
Papenfuß, Rösner, Jochems
42699 Solingen
S. 38 o.

Bohrmann + Roth
Bildhauerwerkstatt
34393 Grebenstein
S. 66 o.

Dipl. Ing. Christhard Ehrig
Landschaftsarchitekt BDLA
33689 Bielefeld
S. 19

Johannes Folger
Creative Garten- und Landschaftsgestaltung
83229 Aschau
S. 7, 46 o., 53, 50 alle, 51, 60 u.

Firma Fuchs, Gartenbau
83661 Lenggries
S. 22 u.

gARTen Stey+Theiss
Gartengestaltung und Ausführung
34134 Kassel
S. 47, S. 58 u., S. 61

Gartengalerie Murnau
82418 Murnau
S. 44, 45, 49

Alfred Hohmann
34128 Kassel
Schale S. 69

Dipl.-Ing. Gartenbau Uwe Höcker
32051 Herford
S. 30 u.

Jenny Holzer, Künstlerin (USA)
Bank S. 9

Fa. Kahleis
Gartenarchitektur und Ausführung
33335 Gütersloh
S. 77

Koch + Koch
Garten- und Landschafts-architekten
82319 Starnberg
S. 40/41

Klahn + Singer + Partner
Freie Landschaftsarchitekten
79199 Karlsruhe
S. 25

Luska/Karrer
Landschaftsarchitekten BDLA
85221 Dachau
S. 72/73

Tobias Mann
Landschaftsarchitekt
34119 Kassel
S. 90 o.

Christina Menzebach-Füss
Dipl.-Ing. Landschaftsarchitektin
81479 München
S. 14 o., 18 alle, 28/29

Gernot Mincke
Landschaftsarchitekt
34128 Kassel
S. 15

naturwuchs
82205 Gilching-Argelsried
S. 16 o., 58 o.

Ökobau Jörg Tiemann
34314 Espenau-Mönchehof
S. 15, 20 o., 54/55, 94

Ohlmeier Architekten
Landschaftsarchitektin Regula Ohlmeier
34131 Kassel
S. 30 o., 36 alle, 37

Hermann Pfaff, Architekt
86152 Augsburg
S. 2/3

Rheims + Partner
Landschafts- und Gartenarchitekten
47800 Krefeld
S. 24/25, 33, 34/35

Ernst Rupp, Landschaftsarchitekt
81247 München
S. 17, 27, 48 o., 63, 68 o., 71, 78 o.

Firma Schleitzer
Garten- und Landschaftsbau
80999 München
S. 4, 68 u., 76 u.

Horst Schümmelfeder
Landschaftsarchitekt
40219 Düsseldorf
S. 9, 10/11

Franz Seemüller, Kieswerk
86447 Sand
S. 56/57, 76o., 84 o.

Klaus Stegmann
33649 Bielefeld
S. 1, 21

Georg Streibl, Künstler
84405 Dorfen
S. 67, 95

Helmut Wartner
Landschaftsarchitekt BDLA
84034 Landshut
S. 2/3

Henry Weisshaupt
Atelier für Grün- und Landschaftsplanung
78166 Donaueschingen
S. 13, 22 o., 38 u., 60 o., 66 u., 82/83, 84 u., 91

Zanker Gala
85570 Ottenhofen
S. 78

Bildnachweis

Christa Brand
Titel, Seite 2/3, 4, 7, 13, 14 alle, 16 alle, 17, 18 alle, 20 u., 22 o., 22 u., 23, 27, 28/29, 38 u., 40/41, 44/45, 46 alle, 48 alle, 49, 50 alle, 51, 53, 56 alle, 57, 58 o., 59, 60 alle, 63, 64/65, 66 u., 67, 68 alle, 71, 72/73, 74 alle, 75, 76 alle, 78 alle, 79, 81, 82/83, 84 u., 85 alle, 88/89, 90 u., 91, 95, Titel hinten

Nik Barlo jr.
S. 1, 9, 10/11, 15, 19, 20 o., 21, 24/25, 30 alle, 31, 33, 34/35, 36 alle, 37, 38 o., 39, 43, 47, 54/55, 58 u., 61, 66 o., 69, 77, 84 o., 87, 90 o., 94

Literaturnachweis

Alfred Baetzner: *Natursteinarbeiten.* Stuttgart, 1993

Heidi Howcroft: *Pflaster für Gärten, Hof und Plätze.* München 1994[4]

Heidi Howcroft: *Das Pflaster im Garten.* München, 2000[3]

Heidi Howcroft: *Richtig Pflastern.* München 1997

Heidi Howcroft: *Hecken und Zäune, Gitter und Mauern.* München 1993

Heidi Howcroft/Gudrun Lehneis: *Neue Ideen für schattige Gärten.* München 2000

Leo Jelitto/Wilhelm Schacht/Alfred Fessler: *Die Freiland-Schmuckstauden.* Stuttgart 1990

Richard Lehr: *Taschenbuch für den Garten-, Landschafts- und Sportplatzbau.* Berlin 1997

Günther Mehling: *Natursteinlexikon.* München 1993[4]

Peter Nickl (Hrsg.): *Lebendige Mauern.* München, 1989

Peter Nickl (Hrsg.): *Bänke im Park und Garten.* Eurasberg 1998

David Reed: *Gartengestaltung mit Naturstein.* München 2000[2]

Heinz Wolff: *Das Pflaster in Geschichte und Gegenwart.* München 1987

Impressum

Streitfeldstraße 35, 81673 München
http://www.callwey.de
e-mail: buch@callwey.de

Die Deutsche Bibliothek – CIP-Einheitsaufnahme
Ein Titeldatensatz für diese Publikation ist bei
Der Deutschen Bibliothek erhältlich.

ISBN 3-7667-1390-6

Litho, Druck und Bindung: Fotolito Longo, Bozen
Printed in Italy 2000

CALLWEY

Die Bücher.

Ursula Barth/Christa Brand/Nik Barlo jr., **Kleine Gärten**
96 Seiten, 100 Abbildungen. Gebunden.
ISBN 3-7667-1392-2

Klein, aber fein! *Ursula Barth zeigt, wie sich auch kleine Gärten richtig planen und optimal nutzen lassen. Die zahlreichen Informationen und wunderschönen Fotos geben Anregungen für eine gelungene Gestaltung.*

Ursula Barth/Christa Brand, Nik Barlo jr.
Teiche und Badeteiche
96 Seiten, 105 Abbildungen. Gebunden.
ISBN 3-7667-1384-1

Magischer Reiz des Elements Wasser! *Ursula Barth erläutert, wie sich das kühle Nass in den eigenen Garten integrieren lässt – vom kleinen Wasserlauf bis hin zum ausgedehnten Teich. Stimmungsvolle Fotos und fundierte Tipps lassen dieses Buch zu einem unentbehrlichen Ratgeber werden.*